AF177556

NOUVELLE BIBLIOTHÈQUE JUNIOR

Vocabulaire

No photo
No safari

Die deutsche Entsprechung der Vokabeln bezieht sich meist auf den Kontext der Erzählung und entspricht nicht immer der Hauptbedeutung.

Abkürzungen

f.	*féminin*/feminin (weiblich)	
m.	*masculin*/maskulin (männlich)	
pl.	*pluriel*/Plural (Mehrzahl)	
ugs.	umgangssprachlich	

A

l'**abîme** *m.* der Abgrund

l'**abri** *m.* der Unterstand

afficher posten

s'**afficher** angezeigt
werden

affolé/e panisch

agité/e bewegt

ahuri/e blöd, affig

l'**ahuri/e** *m./f.* der
Blödmann

l'**alignée** *f.* die Reihe

y **aller de son commen-
taire** seinen Kommen-
tar beisteuern

allongé/e ausgestreckt

s'**allonger** sich hinlegen

l'**ambiance** *f.* die
Stimmung

apercevoir entdecken,
erblicken

apparaître auftauchen,
erscheinen

s'**appliquer** sich
bemühen

s'**approcher** sich nähern

s'**arrêter** stehen bleiben

arriéré/e rückständig

arroser wässern, gießen

s'**asseoir** sich setzen

assis/e sitzend

attirer anziehen

attraper einfangen,
packen

l'**auberge de jeunesse** *f.*
die Jugendherberge

aussitôt sofort

autonome unabhängig,
eigenständig

autour de...
um ... herum

avancer sich vorwärts
bewegen

l'**avertissement** *m.* der
Hinweis

B

le **bahut** *ugs. für* die
Schule

baisser senken

se **balader** spazieren
gehen

balancer hochladen, posten

le **bas** der untere Bereich

la **berge** das Ufer

le **bois** das Holz

le **bord** der Rand

bordé/e gesäumt

bouger sich bewegen

la **branche** der Ast

breton/ne bretonisch

brossé/e gebürstet

le **bruit** das Geräusch

brusquement plötzlich

C

la **cabane** die Hütte, das Häuschen

cadré/e fokussiert

le **caillou** der Kieselstein

le **calme** die Ruhe, die Stille

le **camp de la décroissance** das Lager der Wachstumsgegner (*Gegner der westlichen Konsumhaltung und Gewinnorientierung*)

le **campement** der Lagerplatz

la **capuche** die Kapuze

caresser streicheln

faire un **carton** ein Riesenerfolg werden

celle das(jenige)

ceux die(jenigen)

la **chaleur** die Hitze

le **clou** der Nagel

le **cocotier** die Kokospalme

la **coiffe** die Trachtenhaube

le jardin **collectif** der Gemeinschaftsgarten

la **communauté** die Gemeinschaft

le **contenu** der Inhalt

le **continent** das Festland

le **côté** die Seite

côte à côte nebeneinander

le **cou** der Hals
couler fließen
le **courant** die Strömung
se **crisper** sich
    verkrampfen
cruel/le grausam
les **curieux** die
    Neugierigen

D
d'ailleurs übrigens
débarquer einlaufen,
    ankommen
débile schwachsinnig
dedans innen, innen drin
faire **défiler** vorbeiziehen
    lassen, durchblättern
dégoulinant/e tropfnass
dehors im Freien
le **dentier** das Gebiss
dépasser überholen
dessous darunter
deviner erahnen
d'habitude normaler-
    weise

disparaître verschwin-
    den
doux/douce sanft, zart
en **douce** heimlich
drôle de... komische/s ...
durable dauerhaft

E
s'**ébrouer** sich schütteln
s'**échapper** ausreißen
éclabousser spritzen
s'**éclairer** sich Licht
    machen
éclater de rire in Lachen
    ausbrechen
l'**écran** *m.* das Display
s'**élancer** hinterher
    rennen
s'**éloigner** sich entfernen
embrasser küssen
l'**endroit** *m.* der Ort
enlever ausziehen
entourer umfangen
envelopper umhüllen
l'**épaule** *f.* die Schulter
essoufflé/e außer Atem

Et encore ! Wenn
  überhaupt!
étendre ausstrecken
étonnant/e erstaunlich
étonner erstaunen
exagérer übertreiben
l'expulsion f. die
  Vertreibung

F
faire la tête
  eingeschnappt sein
se **faufiler** sich schlei-
  chen, schlüpfen
le **feu de camp** das
  Lagerfeuer
le **feuillage** das Blattwerk
la **figure** die
  Persönlichkeit
filer sausen, rasen
flasher sur abfahren auf
flotter wehen
flou/e unscharf
des **fois** manchmal
fou/folle wahnsinnig,
  unglaublich

le **frigo** der Kühlschrank

G
la **galopade** der Galopp
le **gilet de sauvetage** die
  Schwimmweste
glisser stecken; wischen
la **gorge** der Hals
la **goutte** der Tropfen
grimper (hoch-)klettern
gros/se dick
le **gros plan** die
  Nahaufnahme
GTA *Computerspiel*

H
l'habitation f. die
  Behausung
le **halètement** das
  Schnaufen
l'herbe f. das Gras
hésiter zögern
hilare ausgelassen

I

ignorer nicht beachten
l'**île** *f.* die Insel
l'**inquiétude** *f.* die
    Beunruhigung
insister hartnäckig sein
insolite ungewöhnlich
s'**installer** sich hinsetzen,
    sich niederlassen

J

le **jet d'eau** der Wasser-
    strahl

L

Laisse tomber.
    Vergiss es!
la **larme** die Träne
léger/légère leicht
lentement langsam
la **lettre** der Buchstabe
le **long de...** entlang ...
lourd/e zudringlich
lumineux/-euse
    leuchtend

M

le **maillot de bain** der
    Badeanzug
avoir du **mal**
    schwerfallen
malingre schmächtig
le **maquillage** die
    Schminke, das
    Make-up
la **marche** die
    (Treppen-)Stufe
la **marée** die Gezeiten,
    Ebbe und Flut
marrant/e lustig,
    komisch
se **marrer** sich
    kaputtlachen
McDo McDonald's
mémé Oma
la **messagerie** die
    Mailbox
le/la **militant/e** poli-
    tische/r Aktivist/in
minuscule winzig
la **mise en scène** die
    Inszenierung

la **mission** der Auftrag,
die Aufgabe

le **mobile** das
Mobiltelefon

moite feucht

se **moquer** sich lustig
machen

la **mouette** die Möwe

mouillé/e nass

le **mouton** das Schaf

N

ne ... que nur

net/te scharf

n'importe où egal wo

nu-pieds barfuß

O

l'**ombre** *f.* der Schatten

l'**onglet** *m.* die
Registerkarte, das
Icon

oser wagen, sich trauen

Ouessant *französische Insel
vor der bretonischen
Küste im Département*
*Finistère mit
883 Einwohnern*

Ouistiti ! Bitte lächeln!,
Cheese! *beim
Fotografieren*

P

la **pancarte** die
Hinweistafel, das
Schild

le **panneau** das Schild

le **panneau solaire**
das Solarmodul/Foto-
voltaik-Modul

c'est pas **pareil** das ist
nicht dasselbe

faire **partie**
Bestandteil sein

passer en revue
durchblättern

la **paupière** das Augenlid

le **paysage** die Land-
schaft

peindre malen

à **peine** kaum

se **pencher** sich bücken

pendu/e aufgehängt
le **phare** der Leuchtturm
le **pilotis** der Pfahl
les cheveux **piqués** hochgestylte Haare
planté/e aufgestellt
à **plat ventre** bäuchlings
de **plein air** im Freien
poser (hin-)legen; sich in Pose stellen
la **poubelle** der Papierkorb *Informatik*
le **pouce** der Daumen
faire **pousser** anbauen
la **poussière** der Staub
précédent/e vorher-gehende/-er/-es
prêt/e bereit

R
rabattu/e gestülpt
râler schimpfen
ramper kriechen
rapidement schnell

rapproché/e nahe beieinander
raté/e verpatzt, missglückt
redresser heben
relever (an-)heben
remplacer ersetzen
rempli/e gefüllt
remuer bewegen
respirer atmen
resserrer fest herum-legen, umklammern
retirer zurücknehmen
aller, **retour** hin und zurück
se **retourner** sich umdrehen
ridicule lächerlich
rire lachen
la **robe de chambre** der Bademantel
le **robinet** der Wasserhahn
la **roche** der Felsen
le **rocher** der Felsen

la **roulotte** der Wohnwagen
la **ruelle** das Sträßchen

S

le **sable** der Sand
saisir einfangen
salé/e salzig
le **sauvage** der Wilde
sentir riechen
se **serrer** sich zusammenziehen
la **serviette** das Handtuch
l'énergie **solaire** *f.* die Sonnenenergie
la **sortie** der Ausflug
se **soulever** sich heben, hochgehen
soupirer seufzen
sourire lächeln
suffire genügen
Suis-moi ! Geh mir nach!
suivre folgen
supporter aushalten

supprimer löschen
surgir auftauchen
surmonté/e überragt

T

la **tache** der Fleck
la **taille** die Taille
tant mieux umso besser
tellement (de) so (viele)
tendre (aus-)strecken
le **texto** die SMS
tomber dessus stoßen auf
le **torse** der Oberkörper
tourner drehen
tout autour rundherum
trahir verraten
tranquillement ruhig, problemlos
à **travers** durch ... hindurch
trembler zittern
trempé/e durchnässt
la **tronche** *ugs. für* das Gesicht
le **trouble** die Aufregung

U

urgent/e dringend

V

la **vague** die Welle

le/la **va-nu-pieds** der/die Landstreicher/in

le **vent** der Wind

vérifier überprüfen

les **vestiges** *m. pl.* die Überreste

à toute **vitesse** mit voller Geschwindigkeit

vivement lebhaft

voler fliegen

voltiger hin- und herfliegen

Frédérique Niobey

No photo
No safari

1 NO PHOTO NO SAFARI. L'avertissement est peint en lettres bleues sur un panneau de bois planté à l'entrée du camp. François hésite. Qui habite ici ? Qui habite dans ces wagons colorés, ces roulottes, ces containers sur pilotis, ces constructions en bois ? On se croirait dans un camping. En plus durable. En plus insolite. François avance un peu sur le chemin de terre qui passe comme une rue entre les habitations. Un endroit comme ça, il n'en a pas encore vu. Il a vu plein de choses à Berlin, mais ça non. On ne se croirait plus dans Berlin d'ailleurs, on se croirait loin tout à coup. C'est étonnant. NO PHO-TO NO SAFARI. Qui le verra s'il prend une photo ? Il n'y a personne.

François sort son smartphone de sa poche et tend le bras. Sur l'écran, un

chien passe et se faufile sous un wagon.
François clique. Une fille apparaît sur la
photo.

Aussitôt François baisse le bras. D'où
elle sort, cette fille ? Il glisse son mobile
dans sa poche. Est-ce qu'elle l'a vu ?

La fille, de son âge ou à peu près, est
tranquillement nu-pieds et en robe de
chambre bleu ciel. Elle regarde François,
lui sourit.

– Hallo !
– Hello !
– Hast du meinen Hund gesehen ?
– Ich spreche nicht Deutsch. Je suis
   français.
– Ah, tu es français. As-tu vu mon
   chien ?
– Il y a un chien sous le wagon rouge,
   là.
– Tu m'aides à l'attraper ?

La fille va vers le wagon rouge, se penche
et regarde dessous.

– Oui, il est là. Tu vas de l'autre côté ?

François s'allonge à plat ventre dans l'herbe. Sous le wagon, les yeux du chien brillent. François tend la main.

– Viens, le chien, viens !

Le chien ne bouge pas.

– Il s'appelle comment, ton chien ?
– Sonne. Ça veut dire « Soleil » en français, mais il ne comprend pas le français.
– Sonne ! Sonne ! Viens, allez, viens !
– Vas-y, avance, il va venir vers moi.

François rampe un peu vers le chien, qui soupire, se lève et sort tranquillement. La fille l'attrape par le cou, l'entoure de ses bras et pose sa tête contre celle du chien.

– Il ne faut pas qu'il s'échappe, tu comprends ?

– Oui, oui, je comprends. La ville est grande tout autour, il pourrait se perdre.

– Tu as aussi un chien ?

– Non. Mais chez moi, les chiens peuvent s'échapper, ils ne vont pas loin, c'est la mer tout autour.

– La mer tout autour ?

– Oui.

– Je n'ai jamais vu la mer. Ça fait comment, la mer tout autour ?

– Ça fait une île. J'habite sur une île. Ouessant.

– Elle est grande ?

– J'en fais le tour à vélo en à peine une journée.

– Plus petite que Berlin, alors.

– Oui, plus petite que Berlin.

– Et qu'est-ce que tu fais à Berlin ?

– Je suis en vacances chez mon frère. Il travaille dans une auberge de jeunesse, depuis trois mois. Sa copine est allemande. Ça me fait voir du pays, comme il dit. Et toi, tu habites ici ?

– Oui.

– C'est quoi ?

– C'est un camp de la décroissance. Mes parents sont militants. On vit sans voiture, sans frigo. On utilise l'énergie solaire. On fait pousser nos légumes. Des choses comme ça. On essaie d'être une petite communauté autonome.

– C'est votre île à vous, quoi.

– Tu crois que la ville tout autour c'est comme la mer tout autour ?

– Drôle de question. Je ne sais pas. Comment ça se fait que tu parles aussi bien le français ?

– Ma mère est française.

– Ah. Et tu t'appelles comment ?

– Léna. Et toi ?

– François.

2

La photo est nette.

François sourit. Léna est arrivée telle-ment vite, elle aurait pu être floue. Mais non. Tant mieux. On voit tout très bien. On voit le wagon rouge au premier plan, surmonté de panneaux solaires. Le chemin-ruelle bordé d'herbe et d'arbres. L'alignée des autres cabanes et wagons le long du chemin. Des fleurs orange devant le wagon rouge. Un vélo. Et Léna. Elle surgit derrière le wagon, nu-pieds, en robe de chambre bleu ciel, ses longs cheveux blonds flottent un peu autour d'elle.

Une belle photo, oui. Qui ne res-semble pas à ce qu'il affiche d'habitude sur Facebook.

François clique sur la photo, « parta-ger sur Facebook », un autre clic, et voi-là. Il vérifie sur son profil, elle y est. Cool.

Il fait défiler le contenu de son profil. Hier, avant-hier, et le jour d'avant où il est arrivé à Berlin. Les photos passent, une à une. Lui devant les vestiges du Mur. Lui dans le métro. Lui et son frère à l'aéroport. « Mon voyage à Berlin ».

Il continue, revoit les photos des jours précédents.

Lui devant un micro à la fête du collège, cheveux piqués, maquillage de rock star.

Lui et son groupe de copains, tous hilares et pouces levés.

Lui en gilet de sauvetage, et trempé.

Lui, une capuche rabattue sur la tête, des lunettes noires, et la bouche ouverte sur un dentier de vampire.

Lui avec la coiffe bretonne de sa grand-mère. Elle a eu un succès fou, celle-là. 54 personnes ont aimé ça. Quentin a écrit en commentaire : « Si mémé te voyait ! » Ça a fait rire tout le monde.

François clique sur le profil de Quentin. Il a mis quoi, aujourd'hui ? Une photo de lui, allongé sur son lit avec son ordinateur portable. « Mes vacances ». Bof.

Et Xavier ? Une photo de lui, devant sa XbOX. « Je viens de finir ma troisième mission sur GTA V. »

Voyons Benjamin... Un repas McDo en gros plan. « Sortie sur le continent ».

Thomas ? Un feu de camp sur la plage la nuit. « Moi et mes cousins hier soir ». C'est top ! François « aime ».

Il clique et revient sur son profil. Il regarde encore la photo de Léna. Ça va faire un carton, c'est sûr. Combien de « j'aime » vont s'afficher ?

3 NO PHOTO NO SAFARI. François s'arrête devant le panneau. NO PHOTO NO SAFARI. Il avait oublié. Un trouble tout à coup. Une légère inquiétude. Et si Léna est sur Facebook ? Et si elle demande à être son amie ? Et si elle voit cette photo qu'il a mise sur son profil ?

Il fait chaud. De la fine poussière de soleil flotte dans l'air. Le campement est vide ou presque. Deux jeunes femmes discutent assises dehors à une table en bois. On entend un rire. C'est le rire de Léna. François se dirige vers le rire.

Léna est dans le jardin collectif, en maillot de bain sous une douche de plein air. Elle rit, danse sous le jet d'eau. Oui, elle bouge comme si elle dansait. Elle étend les bras, éclabousse autour d'elle, des gouttes lumineuses volent. Elle jette de l'eau vers le chien, allongé tout près. Le chien bouge à peine. Elle rit encore.

François s'arrête et regarde Léna, elle est tellement... Belle ? Non, c'est autre chose. François glisse sa main dans sa poche, prêt à sortir le smartphone. NO PHOTO NO SAFARI. Laisse tomber.

– Léna !

Elle tourne brusquement la tête, ses longs cheveux voltigent. Comment mettre tout cela sur une photo ? C'est impossible. François sourit.

– Ah ! François ! Salut ! J'arrive !

Léna ferme le robinet, prend une serviette pendue à un clou, la met sur ses épaules.

– Attends-moi, je m'habille, j'arrive. Tu veux boire quelque chose ?
– Ap-fel-schor-le.

Léna rit.

– Quoi ?

– Tu t'ap-pli-ques bien à par-ler al-le-mand !

– Oh, te moque pas ! Je suis arrivé, je ne savais dire que Coca. Coca, c'est facile, c'est Coca. Pizza aussi, c'est facile. Pizza. En français, en allemand, ça ne change pas, c'est pratique. Et on en trouve partout. Apfelschorle. T'en as, ou pas ?

– Oui.

Léna s'éloigne vers le wagon rouge. François s'assoit dans l'herbe, près du chien.

– Drôle de fille, Léna, non ? Qu'est-ce que tu en penses, toi, Sonne ?

Léna revient. Elle a mis un short et un tee-shirt, ses cheveux mouillés sont à peine brossés. Elle apporte deux verres remplis d'Apfelschorle.

– Viens, suis-moi, on va s'installer au bord du canal.

4 – C'est vraiment tranquille, ici. C'est ce qui m'étonne le plus. On s'assoit dans l'herbe, au bord de l'eau. On oublie qu'on est à Berlin. Dans une grande ville.

– Et sur ton île, tu t'assois au bord de l'eau ?

– C'est pas pareil, la mer.

– Comment ça ?

– Où j'habite, Ouessant, il y a toujours toujours du vent. Plus ou moins, mais toujours. Et autour de l'île, c'est une mer un peu dangereuse, il y a les plus forts courants de Bretagne. Alors il y a le bruit des vagues, du vent, le cri des mouettes. On n'a pas vraiment une impression de calme. Chez toi, oui.

– C'est pas toujours calme. C'est ce qu'on voudrait, vivre au calme. Mais c'est pas toujours possible.

- Pourquoi ?
- On a quelquefois des problèmes. Avec ceux qui veulent notre expulsion. Ou ceux qui visitent le camp comme un zoo.
- C'est pour ça qu'il y a le panneau NO PHOTO NO SAFARI.
- Oui. Il y a tellement eu de reportages ou d'articles sur nous. Ça attire les curieux. Des vrais sauvages. Ils viennent, ils passent, nous regardent. Il y en a qui n'osent pas, qui regardent en douce. D'autres qui insistent. Leurs regards sont lourds, et en même temps c'est comme s'ils ne voyaient rien. Et ceux qui nous ignorent font comme si on n'était pas là, veulent entrer chez nous, dans les wagons, pour voir. Mais est-ce qu'on entre chez eux quand on se balade dans leur quartier ? S'ils nous parlaient encore, s'ils s'intéressaient vraiment à ce qu'on vit, mais non. Ils ne nous

disent rien d'autre que : On peut vous prendre en photo devant votre wagon, c'est si typique ! On dit non, ils ne comprennent pas, ils prennent la photo en douce, rapidement, comme si on n'avait rien dit. Et pour quoi faire ? Qu'est-ce que ça leur donne ? Ils ne nous disent pas un mot et après, chez eux, ils montrent les photos à leurs amis et parlent de nous. Mais que savent-ils de nous ? Rien. On fait partie de leur voyage, ils montrent une photo de nous, comme ils montrent une photo du Tiergarten, ou de la porte de Brandebourg. Mais quoi ? Sommes-nous des animaux ? Un monument ?

- C'est marrant, ma grand-mère dit la même chose.
- Ah bon ? Ta grand-mère est un monument ?

François éclate de rire.

– Disons que c'est ce qu'on appelle une figure de l'île. Une des rares femmes qui portent encore une coiffe bretonne, la coiffe de l'île. Et l'été, elle râle. Elle ne peut pas être assise tranquillement devant sa porte sans qu'un touriste la prenne en photo. Ça fait un peu comme ici. Les touristes débarquent par le bateau du matin, ils font rapidement le tour de l'île, ils prennent des photos et repartent par le bateau du soir.

François rit encore.

– Tu sais quoi ? Il faudrait que j'offre à ma grand-mère une pancarte à porter autour du cou : NO PHOTO NO SAFARI.
– J'aimerais bien voir comment c'est ton île. Et la mer aussi. Tu n'as pas des photos à me montrer ?

François s'arrête de rire. Il glisse la main dans sa poche, la resserre autour de son portable. Il a des photos, oui. Mais il a aussi la photo de Léna. Sa main devient moite.

- Euh… j'en ai, oui. Dans mon portable. Mais je ne l'ai pas sur moi.
- Une autre fois, alors ?
- Oui. Est-ce que tu es sur Facebook ?
- Non. Mes parents ne sont pas d'accord. Et toi ?
- Oui.
- Tu mets quoi sur Facebook ?
- Des photos de moi, de mes copains…
- De ton île ?
- Pas vraiment.
- De la mer ?
- Non.
- Raconte-moi la mer.
- T'es drôle, toi. Comment je peux raconter la mer ? C'est de l'eau, beaucoup d'eau, c'est salé. Il y a des vagues,

plus ou moins hautes. Elles se sou-
lèvent et puis retombent. Comme
quand on respire. Quelquefois, la mer
n'est pas là.

- Elle est où ?
- C'est la marée, elle est partie.
- Elle est partie où ?
- Je ne sais pas.
- Tu ne sais pas où la mer s'en va ?
- Non, je ne sais pas.
- Ah bon. Et l'île, elle est comment ?
- Y'a pas grand-chose à dire.
- Moi, je vois du sable blanc, des coco-
  tiers.
- C'est pas ça du tout.
- C'est quoi alors ?
- C'est une île sans sable, ou presque. Il
  n'y a que deux plages, minuscules. Et
  encore ! Si la mer n'est pas trop
  haute.
- Une île de quoi alors ?
- Une île de roches. Pas de sable, pas
  d'arbres, rien, du caillou, du caillou.

– J'ai du mal à voir. Tu m'apporteras des photos, ce sera plus simple.

5   François ouvre son profil Facebook. Super, les copains sont venus voir.

J'aime : 0. Comment ça ? Qu'est-ce que ça veut dire ? Ils ont mis quoi en commentaire ?

C'est ça, Berlin ?
C'est moderne, Berlin !
As-tu embrassé la fille ?
Une fille en robe de chambre ! C'est la nouvelle mode berlinoise ?
T'es sûr que tu es à Berlin ?
Elle sort d'où, cette fille, avec ce look de va-nu-pieds ?

Dedans, ça se crispe. Quelque chose lui fait mal. Comme la fois où il y avait eu une photo de lui affichée sur le profil de Xavier. Une photo où il était ridicule. Il sortait de la douche, une serviette autour de la taille, on voyait son torse, tout malingre, il tendait une main devant son visage affolé, disant: « Non, non, ne prends pas la photo. » Et Xavier l'avait prise quand même, et avait dit : « On va se marrer avec ça sur Facebook. » François n'avait rien osé dire, et chacun y était allé de son commentaire. Ils avaient tous aimé. Et ri. Et ils en parlaient au bahut : « Vous avez vu François sur le Facebook de Xavier ? Trop drôle. » François avait ri avec eux, mais il n'attendait qu'une chose : que ça passe. Que ça disparaisse, que ça parte dans l'abîme d'Internet, que ça soit remplacé par une autre image, et une autre. Ça avait pris du temps. Tout ce temps, il avait dû rire de lui avec les autres.

Et maintenant ils rient de Léna.

Mais c'est de sa faute aussi, il a balancé la photo comme ça, sans explication. « Mon voyage à Berlin ». Ses copains ne peuvent pas comprendre.

Léna et son campement, c'est ce qu'il a vu de plus beau à Berlin. Il aime être là-bas. Ça ne ressemble à rien d'autre. Et Léna ne ressemble à personne qu'il connaît. Elle bouge et rit et danse, et lui, il est là, il la regarde, et ça lui suffit. Et quand ils sont assis côte à côte à discuter sur le bord du canal, c'est simple et doux et jamais il n'a été aussi bien avec quelqu'un.

Est-ce qu'on peut dire ça sur Facebook ?

Non.
Alors il ne dira rien.

François passe le curseur sur le bas de la photo, active l'onglet « options » et supprime la photo. Il supprime aussi tous les commentaires et ferme son profil Facebook.

Il passe en revue ses images dans son smartphone. Demain, il les montrera à Léna. Mais avant, il faut faire disparaître celle prise dans le camp. Si jamais Léna tombait dessus... François la regarde encore. Qu'est-ce qui fait que cette photo est différente des autres ? Pas de mimiques, pas de mise en scène, pas d'effet comique. Il a l'impression d'avoir saisi quelque chose. Un instant. Quelqu'un. Une ambiance. Quelque chose de vrai. Et d'intime.

Léna est belle, Léna ne sera peut-être jamais aussi belle, mais il faut supprimer la photo. François clique sur la photo, pose le curseur sur « supprimer la photo ». Il ferme les yeux. Quelque chose tremble sous les paupières. Il clique. Il ouvre les yeux. Léna a disparu.

Dans la gorge, ça se serre. Des larmes viennent. Il referme les yeux. Les larmes coulent. Il sourit. Dans le noir sous les paupières, il y a pour toujours les cheveux longs et blonds, les pieds nus et le regard bleu de Léna.

6 NO PHOTO NO SAFARI, la belle photo de Léna est partie dans la poubelle de son smartphone. Léna à la poubelle, l'expression est cruelle.

Quelqu'un arrose le jardin collectif. Où est Léna ? François fait le tour du camp. Sonne vient vers lui.

– Salut, Sonne.

François se penche vers le chien, le caresse.

– Dis, Sonne, tu n'as pas vu Léna ?

Le chien redresse la tête, ses yeux brillent.

– Léna, Léna, tu sais où elle est ?

Le chien part sur le chemin, François le suit. Le chien s'arrête devant un arbre et lève la tête. François entend un rire dans l'arbre. Il lève la tête et aperçoit Léna, assise dans l'ombre du feuillage. Des taches de soleil jouent dans ses cheveux.

– Tu as été trahie par ton chien, Léna.
– Grimpe !

François grimpe dans l'arbre et s'assoit à côté de Léna, sur une grosse branche. Ils sont enveloppés de vert, la lumière est douce à travers les feuilles.

– Tu fais quoi, là ?
– C'est mon endroit à moi. Est-ce que sur ton île, tu as un endroit à toi ? Rien qu'à toi ?
– Oui.
– C'est quoi ?
– C'est un gwasked.
– Un quoi ?
– Un gwasked. C'est un abri pour les moutons. La plupart du temps les moutons sont en liberté sur l'île. Il y a des abris pour eux, un peu partout. Et il y en a un pas très loin du phare.

J'y vais quand je veux être tout seul. Je regarde la mer. À cet endroit, elle est toujours agitée, à cause des rochers.

- Tu as apporté des photos ?
- Oui.

François sort son smartphone de sa poche.

- Regarde. Pour passer de l'une à l'autre tu fais glisser avec le doigt. Comme ça.
- Moi, Léna très arriérée, moi, pas savoir utiliser machine moderne, c'est ça ?
- Quoi ? J'ai pas dit ça.

Léna éclate de rire.

- Allez, ça va, fais pas la tête. C'est juste pour te dire que ce n'est pas parce que je m'éclaire à l'énergie solaire que je ne sais pas ce que c'est qu'un smartphone.

Léna fait défiler les photos. Aller, retour.

– Hmmm…
– Quoi ?
– Tes copains, toi, tes copains, toi, okay, j'ai compris, mais la mer dans tout ça ?
– Comment ça ?
– Regarde toi-même. Il n'y a que des photos de vous. Toi devant le phare, toi devant la mer, toi sur le bateau, c'est sûr. Mais c'est cadré sur toi ou sur tes copains, sur vos poses un peu débiles quand même, il faut le dire. On ne voit rien d'autre que vos tronches d'ahuris.
– T'exagères.
– Je retire « ahuri ». On ne voit que vos tronches.

François prend le smartphone, regarde rapidement les photos. Léna a raison. On ne voit rien des paysages. On devine si on connaît. Et encore. Ces photos-là pourraient être prises n'importe où.

– Et alors, la mer, c'est comment ?

François hésite. Il a une idée, mais... Mais à qui demander ça ? Pas à Xavier, non. Ni à Quentin. À Thomas. Il ouvre sa messagerie et envoie un texto à Thomas.

Ne pose pas de question. Prends quelques photos d'Ouessant et de la mer, rien d'autre que l'île et la mer, qu'on les voie bien, c'est urgent. Et envoie-moi les photos.

– Voilà.
– Et maintenant ?
– Maintenant, on attend.
– On attend que la mer monte, c'est ça ?
– C'est ça.

7

François passe en courant devant le panneau, NO PHOTO NO SAFARI. Il aperçoit Léna, là-bas, assise sur les marches de son wagon. Elle lit.

– Léna, Léna !

Léna relève la tête.

– Tu veux voir la mer ?

Léna sourit. Elle pose son livre, se lève et vient vers François.

– Viens, on va au bord du canal.

Ils partent sur le chemin vers le canal.

– Alors ?
– Alors Thomas, un de mes copains ahuris, a été vraiment sympa. Il a envoyé un vrai petit reportage. Tu vas voir.

Un halètement, une galopade, Sonne les dépasse et file à toute vitesse devant eux.

–   Qu'est-ce qui lui prend, à ton chien ?
–   Il a senti l'eau. Il adore ça. Viens !

Léna part en courant sur le chemin. Elle se retourne. Encore une fois ses cheveux suivent le mouvement.

–   Viens !

François s'élance derrière elle. C'est pas vrai, cette fille, elle court vite. Il arrive près d'elle, sur la berge, tout essoufflé. Elle rit. Elle tend le bras vers le canal.

–   Regarde !

Sonne nage vers l'autre berge.

–   Il est content, avec cette chaleur !

Léna s'assoit sur le bord, laisse ses pieds nus entrer dans l'eau. François enlève ses sandales et fait comme elle.

– Oui, ça fait du bien. Tiens, regarde.

Il passe son smartphone à Léna. Qui fait défiler les photos, lentement, une à une.

– Waouh !
– Les îles, ça fait toujours rêver quand on n'y habite pas.
– Et quand on y habite ?
– On rêve quelquefois d'en partir. De voir autre chose.
– Comme moi ici, quoi.
– Ah bon ?
– Oui, des fois.
– Je reprends l'avion demain.
– Ah. Tu me donnes ton mail ?
– Tu as un mail ?
– François !
– Oui, excuse-moi, toi pas arriérée.
– Attends-moi ici !

Léna part en courant vers le camp.

François remue doucement ses pieds dans l'eau. C'est la première fois qu'il est copain avec une fille. Ça lui plairait bien qu'ils s'écrivent. Et puis peut-être qu'il reviendra à Berlin, si son frère s'y installe vraiment. Et alors, il reverra Léna.

– François !

Il se retourne. Léna revient, un appareil photo dans les mains.

– Je vais faire une photo de toi, en souvenir, avec le canal. T'es d'accord ?
– Oui.

François sourit. Léna prend la photo.

– Ça va, t'es naturel, pas trop ahuri.

François hésite. Et puis après tout. Il baisse la tête.

– Je voudrais te dire quelque chose, Léna.
– Quoi ?
– La première fois que je suis entré dans votre camp, j'ai flashé sur l'ambiance,

j'ai pris une photo. Au moment où je l'ai prise, tu es apparue, tu t'es retrouvée sur la photo. C'était pas voulu.

– Ah.
– Oui.
– Et cette photo, je peux la voir ?
– Eh bien, je l'ai mise à la poubelle, après.
– Elle était ratée ?
– Oh non, au contraire. C'était une belle photo.
– Je ne comprends pas.
– Chaque fois que je venais ici, je passais devant le panneau NO PHOTO NO SAFARI, j'ai pas supporté.
– Tu m'as mise à la poubelle ?

Léna éclate de rire.

– Oh, ne ris pas. C'est trop bête. Alors, si je pouvais en refaire une, avec toi. Pour moi, rien que pour moi.

– D'accord. Tiens, voilà Sonne qui sort de l'eau. Je vais poser avec lui. Viens, Sonne !

Le chien s'approche, tout dégoulinant, et s'ébroue vivement. Des gouttes d'eau volent, Léna rit. François clique.

– Super ! Et on en fait une de nous deux ?
– D'accord.

François tend le bras, son smartphone dans sa main.

– Un, deux, trois, ouistiti !

Ils sourient et François clique devant leurs deux têtes rapprochées.

Frédérique Niobey

Je suis née en 1961, un jour de neige. J'ai marché tôt, à l'âge de neuf mois. Peut-être est-ce pour cela que j'aime la marche et le froid.

Marcher, c'est découvrir le monde à mon rythme.

J'aime les paysages du Nord plutôt que ceux du Sud, la mer grise et agitée d'Ouessant plus que la Grande Bleue de la côte méditerranéenne et le vent qui souffle les nuages au-dessus des landes d'herbes rases.

Quelquefois aussi, quand l'écriture se refuse devant une page, je sors de mon bureau et je pars marcher dans la campagne. Quelque chose se délie alors et se pose. À l'intérieur, les mots forment des phrases, j'écris.

Plus je marche sur la terre immense, plus je prends conscience de ce que je suis : une toute petite fourmi.

Nouvelle Bibliothèque Junior

Frédérique Niobey • **No photo No safari**

Herausgeber	Thilo Karger, Klaus Mengler
Vokabelannotationen	Thilo Karger, Klaus Mengler
Verlagsredaktion	Corinna Martin-Werner
Gesamtgestaltung und technische Umsetzung	Buchgestaltung + Berlin
Umschlagfoto	F 1 online, Lost Images Cultura Images RF

www.cornelsen.de

1. Auflage, 3. Druck 2016

Alle Drucke dieser Auflage sind inhaltlich unverändert
und können im Unterricht nebeneinander verwendet werden.

© 2014 Cornelsen Schulverlage GmbH, Berlin

Das Werk und seine Teile sind urheberrechtlich geschützt.
Jede Nutzung in anderen als den gesetzlich zugelassenen Fällen
bedarf der vorherigen schriftlichen Einwilligung des Verlages.
Hinweis zu den §§ 46, 52 a UrhG: Weder das Werk noch seine Teile
dürfen ohne eine solche Einwilligung eingescannt und in ein
Netzwerk eingestellt oder sonst öffentlich zugänglich gemacht
werden. Dies gilt auch für Intranets von Schulen und sonstigen
Bildungseinrichtungen.

Druck: Beltz Bad Langensalza GmbH

ISBN 978-3-06-023352-6

PEFC zertifiziert

Dieses Produkt stammt aus naahhaltig
bewirtschafteten Wäldern und kontrollierten
Quellen.

www.pefc.de

PEFC™

PEFC04-31-2257